EL DERRUMBE DEL AMOR

EL DERRUMBE DEL AMOR

Francho Aijón

Teatropo

EL DERRUMBE DEL AMOR

© del texto: Francho Aijón
© del prólogo: Mariano Ainós
© de la edición: Teatropo, Olé Libros, 2026
Coordinadora editorial: Susana Sierra
Corrección de estilo: Susana Sierra
Correción de maquetación: Paloma E. Albarracín
© Foto del autor: Mcr Hausmann

Consejo editorial Teatropo: Álvaro Martín, Francho Aijón, Paloma E. Albarracín y Susana Sierra.

ISBN: 979-13-87951-37-5
Depósito legal: V-815-2026
Impreso en España

KALOSINI, S. L.
Grupo editorial olélibros
equipo@olelibros.com
www.olelibros.com

«... el teatro es (si se considera al teatro como medio en un paisaje mediático) el único lugar donde todavía ocurren cosas en vivo».

Heiner Müller

«Yo soy un pensamiento, fruto de tu aburrimiento. Y vivo en tu cabeza desde que eras crío. Vivir soñando, la vida práctica es un lío».

Kase O

ÍNDICE

PRÓLOGO

QUÉ HACER, HACER ALGO, QUÉ

Decir, callar, moverse, quedarse quieto, esperar, morir. El teatro se mueve, halaga, importuna, consiente de buena gana que el público respire como unidad y, sin embargo, cada espectador perciba e invente funciones que nunca han llegado a existir en realidad, si es que eso de la realidad significa algo, como mucho una construcción intelectual que organiza interesadamente algunos datos de lo real.

Decimos amor y nos hacemos la ilusión de que tenemos idea de lo que significa. Creemos tener idea del mundo en el que vivimos, pero nunca acabamos de encontrar, por debajo de las apariencias, nuevos motivos de preocupación, cuando no de horror. ¿De qué trata este texto? Pues por ahora no lo sabemos. Tal vez cuando se produzca esa relación incomparable entre unos actores y unos espectadores en eso que llaman tiempo real puedan producirse respuestas. Respuestas siempre diversas, siempre provisionales, nunca definitivas.

¿Conformidad? Nunca. Está descartada. Conocí a Francho en la Escuela Municipal de Teatro de Zaragoza, haciendo yo el personaje de profesor y él el de alumno. Así que entre unos y otros, con el pretexto del teatro, tratando de olvidar los personajes, intentábamos comprender algo del mundo, compartirlo y, por poco que se comprenda, decidir transformarlo. Ya era evidente que esto último lo motivaba de una manera especial y así sería su trayectoria posterior. Al mismo tiempo, por similares razones, se interesaba por conocer nuevas formas dramatúrgicas, que compartimos también.

> Puertas y ventanas sin acceso
>
> Ningún acceso y nosotros aquí
>
> las escaleras están derruidas
>
> Los edificios se pudren
>
> Todo se pudre
>
> Esto es lo único que tiene sentido ahora mismo
>
> Estar juntos aquí
>
> Juntos ahora como antes aquí

Se puede hablar de muchas denominaciones para nuevas dramaturgias. Se ha impuesto sobre todo la de teatro posdramático. Bien, dentro de cada adjetivo cabe un gran número de variantes. Está claro que el texto puede beber de muchas fuentes de diversas dramaturgias contemporáneas, pero ahí, al fondo, acechando, sosteniendo el inestable edificio, no deja de estar Samuel Beckett. No deja de ser culpable último de que textos como este, entre otros muchos, desarrollen un funcionamiento al mismo tiempo plenamente real y plenamente metafórico.

El texto no se divide en actos ni en escenas, se divide en polaroids. ¿Qué quiere decir? ¿Un capricho, una voluntad de llamar la atención? No. Una sugerencia para dirigir la atención del lector y, en caso de representación, del espectador, aunque no se pronuncie en escena la palabra.

POLAROIDS. El tiempo, pues, detenido. Vemos moverse a los actores, pero no es cierto. Hasta la siguiente polaroid no pasa nada, solo nos lo estamos imaginando. No hay avances, no hay esperanzas de soluciones. Estamos ahí, secuestrados. O aquí, en la butaca. O en algún lugar que desconocemos, dentro o fuera de nosotros. De lo que creemos ser.

Atrapados en este mundo capitalista-feudal-tecnológico, respiramos como podemos. ¿Qué hacer? ¿Gritar? ¿Follar? ¿Escribir?

Y sin embargo, tal vez, a través de la negación, podría ser que encontrásemos algún estímulo para, en medio de esta desolación, pensar que no es imposible que podamos hacer algo para que este mundo no sea el peor de los mundos posibles. Para que no se derrumbe del todo eso que hemos dado en llamar amor.

¡Pero es que no puedes desentenderte de esto!

¡Esto que nos pasa ahora aquí! ¡Esto joder!
¡Morir! ¡Esto! ¡Mírate!

¿No es mejor creer en algo ahora?

No está claro si estas palabras no están dirigidas a los espectadores. La presencia o ausencia de un personaje ficticio parece sugerir la extensión de ese personaje hacia todos esos personajes que pueblan, cómoda y agitadamente, las butacas. Reales o ficticios, aplaudirán, saldrán y seguirán con su vida. Quién sabe si con alguna huella de lo que han vivido en el teatro.

FICHA TÉCNICA

Número de personajes: tres

Actores y actrices: un actor y una actriz

Formato: mediano

Duración: 1 hora y 15 minutos

Público: adulto

Elementos de escena: hatillo grande lleno de telas raídas, gabardina, barra de hierro, botella de agua, cuaderno y bolígrafo, cigarros, maquinaria / objetos que se puedan apilar y camiseta con la palabra HELP.

LISTA DE PERSONAJES

Eva, examante de Fran

Fran, examante de Eva

Lola, hija imaginaria de ambos

Tragedia contemporánea en un solo acto.

PREVIA

Un teatro desnudo. Espacio vacío que se delimita por las luces. En el centro, el recorte de luz nos recuerda a un cuadrilátero. Se puede usar gobos para dibujar la ventana y las escaleras a las que se hará referencia en el texto. Habrá algún soporte metálico para los juegos metateatrales de algunas escenas. Los efectos atmosféricos pueden reproducirse con pistas de audio y el viento furibundo, el agua y la hojarasca puede crearse con dos ventiladores de suelo, con ayuda de estos se puede esparcir abundante agua sobre los personajes y que serán puestos en marcha indisimuladamente por los propios actores.

En medio del cuadrilátero de luz hay un hatillo grande lleno de telas sujeto por una cuerda. Los dos intérpretes sujetan la cuerda y la elevan mientras los últimos espectadores toman asiento. El hatillo quedará suspendido en el aire hasta que se apaguen las luces de sala, entonces se soltará y por el propio contacto del hatillo con el suelo saldrá un ruido similar al de un derrumbe y surgirá polvo. Los intérpretes desharán el nudo e irán recogiendo las distintas telas raídas de su interior y las distribuirán por la sala. La gabardi-

na que usará el personaje de Lola y el elemento metálico —preferiblemente resguardado entre las telas para que al contacto con el suelo no haga demasiado ruido— se dispondrá donde más convenga.

Una vez ejecutado este proceso escenográfico, los intérpretes recogerán la cuerda y doblarán la tela del hatillo parar guardarlos fuera de la vista de los espectadores. Los intérpretes vuelen a escena y van a primera.

Recorte de luz sobre Fran y Eva que yacen en el suelo. El recorte nos permite pensar en una instantánea, como de una polaroid. Los actores permanecerán sin moverse unos segundos para crear esta misma sensación.

POLAROID I

FRAN, *cojeando ostensiblemente, llega hasta la barra de hierro, se sienta junto a* EVA. *Están a un escenario de distancia de la ventana.*

FRAN.— Tenemos que descartar las escaleras
La puerta está muy arriba y no se puede pasar y esa ventana tampoco es la solución
¿Me oyes? No te quedes dormida ahora

Señala un punto del techo.

¡Esto es increíble! Hemos caído desde allí
Esa puerta debe comunicar esta planta con la de arriba
Las escaleras están derruidas y no llegamos
A la ventana tampoco y debe estar a unos cuatro o cinco metros
Y yo estoy cojo y tú no sé pero no estás bien
No veo otras salidas
Puertas y ventanas sin acceso
Ningún acceso y nosotros aquí
¡Esto es increíble!

Gira un poco a Eva, *le levanta la camiseta y le mira la herida.*

Sangra
Has tenido suerte parece una herida limpia

Eva.— Me deja más tranquila tu diagnóstico
gracias a tus años de experiencia
como médico en el Hospital Que No Existe en la espe-
cialidad de Bocazas

Fran.— Tampoco saldremos de aquí gracias a tu sarcasmo

Silencio.

Eva.— ¿Y si follamos?

Fran.— *Camina hasta la altura de la ventana apoyándose
en la barra.*

Yo creo que me he roto algo o torcido algo no sé
pero apoyo mal
¿Puedes andar?

Eva.— ¿Vas a decirme para qué querías verme?

Fran.— ¿Ahora?

Eva.— Por pasar el rato
Eso que haces cuando estás atrapado o no llegas a
los sitios

Fran.— ¿Puedes andar o no?

Eva.— Quieres que ande ¿para qué? ¿Pasear?
Vista una fábrica abandona vistas todas *Pausa.*
Déjame descansar un rato *Cierra los ojos.*
Dormir ahora

Fran *hace como si midiera la distancia con la ventana. Deja la barra de hierro y, al apoyarla contra el suelo, despierta a* Eva.

Fran.— He mirado por si había elevadores o algo
Nada
¡Es increíble!

Eva.— ¿Has mirado bien?
Siempre has sido el peor detective del mundo

Fran *da saltos a la pata coja.* Eva *se ríe desde su sitio.*

Fran.— Puede pasar alguien por aquí no sé
Si llego hasta la ventana

Eva.— La fábrica sigue tan abandonada como la primera
vez que vinimos
Nos hemos pegado una buena hostia hasta aquí
y aquí no habíamos estado antes
Pero no creo que pase mucha gente por ahí arriba
y por aquí pienso que como mucho veremos ratas

Fran.— Es raro que se haya derrumbado el suelo no sé

Eva.— ¿Raro? Los edificios se pudren
Todo se pudre
¿Habías pensado en esto alguna vez? ¿Morir los dos
juntos? Fran *niega con la cabeza.*
Eso mismo me imaginaba yo
Ven a estar junto a mí Fran *llega y se sienta a su lado.*
Eso es querido
Esto es lo único que tiene sentido ahora mismo
Estar juntos aquí
Juntos ahora como antes aquí

FRAN.— ¿Y si intentamos llegar a la ventana?

EVA.— ¿Y si follamos? *Pausa.*
    Déjalo

FRAN.— Venir aquí como antes
    y justo se derrumba el suelo

EVA.— Lo sé

Baja la luz.

Transición de tiempo. Se marca manteniendo las luces más bajas durante unos segundos.

Sube la luz, la mancha de sangre de EVA *ha crecido ostensiblemente.*

FRAN.— *Se despierta repentinamente. Mueve a* EVA *por los hombros.*

    Nada de dormir ¿Recuerdas?
    Lo he leído en algún sitio no sé
    He leído que si estás herido lo mejor es no dormir
    si duermes es como que le dices al cerebro que estás
    preparado para morir
    Sí ya sé que leo mucha basura
    Saca el móvil. Nunca hubo cobertura ¿verdad? Antes
    No había
    He mirado en mi teléfono y sigue igual que antes ¿En
    el tuyo?
    Ah claro que sigues sin móvil
    Gracias a tus teorías de la conspiración vamos a morir
    ¿Contenta? *Pausa.*

Perdona pretendía ser un chiste
y estamos muy lejos de ser los personajes de una co-
media *Pausa.*
¿Tienes agua?

Eva *asiente.* Fran *busca en su bolsita de tela, encuentra una botella y saca un cuaderno.*

Siempre has llevado tu botella de agua y un cuaderno

Eva.— Hay cosas que no cambian ni al borde de la muerte
Y como lo llevo siempre en mi bolso
Alguna vez tenía que pasar que los llevara al borde
de la muerte

Empieza a escribir algo en el cuaderno.

Fran.— Tenemos que racionar el agua

Eva.— ¿Y las palabras?
Si muero yo antes
te doy permiso para que me comas y me raciones también

Fran.— Nos encontrarán

Eva.— ¿Vas a decirme para qué querías verme?

Fran.— ¿Y si gritamos?
¿Puedes gritar?
Nadie grita como tú *Se ríe.*
¿Puedes darme el beneficio de la duda en algo?

Eva.— ¿Ahora? ¿Gritar ahora?

FRAN.— Tan buen momento como cualquier otro
Ah y lo podemos repetir cada diez minutos no sé
Espaciado para no cansarnos
A la de tres

Ambos gritan con todas sus fuerzas.

FRAN.— He dicho lo de que gritas bien por tu forma de escribir

Se ríe, tose, escupe a un lado.

Antes te lo decía mucho

EVA.— Nunca te gustaron mis historias
Pero siempre te gustó besarme *Cierra los ojos esperando un beso.*

FRAN.— ¿Honestamente? Te leo y no entiendo nada
Y tienes esos guiones pretenciosos
No entiendo porque hablan así tus personajes no sé
Pero te ha ido muy bien
¿Tú entiendes algo de lo que escribes?

EVA abre los ojos y le sonríe con mucha dificultad y le tapa la boca.

EVA.— Hablas mucho querido

FRAN.— Bebe
Ahora hay que ser sinceros

EVA.— ¿No teníamos que ahorrar fuerzas?
La sinceridad cansa mucho
Si no vas a decirme para qué querías verme
déjame descansar

Baja la luz.

Transición de tiempo.

Sube la luz. La botella está casi vacía. Eva *está escribiendo.*

Fran.— ¿Tú próxima novela?

Eva.— Algo para la posteridad
   ¡Qué remedio!

Fran.— Es posible que el papel resista más que nosotros no sé
   He leído que en doce meses desaparecen todos los
   tejidos subcutáneos
   que la piel se cuartea y va deshaciéndose
   eso si no hay animales cerca

Eva.— Pues que se aprovechen otros de nuestros cuerpos
   no estaría mal pienso
   Sigue en pie la oferta de comerme
   y también la de follarme

Fran.— Cuando por lo que sea alguien llegue hasta aquí
   analizarán los restos y llegarán a sus propias conclu-
   siones
   Les será difícil averiguar lo que pasó
   pero no quiero que piensen de mí que me zampé
   a la gran escritora española del siglo

Eva.— Siempre te ha preocupado lo que piensen los demás
   pero ahora querido
   La conclusión de los forenses será fácil pienso
   Dirán

se cayeron del techo y después se murieron
Dirán
Él tiene pinta de haber hablado durante horas pero ella no

Se ríe de su ocurrencia y la anota.

¿Y si les fastidiamos la investigación?
Sería como una broma *post mortem*
Solo tenemos que dejar pistas falsas como que uno de nosotros lo planeó todo

Sigue escribiendo.

FRAN.— Me preocupa lo de los cuerpos
me da igual lo de un entierro católico
Aunque me gustaría que me diesen sepultura EVA *se persigna exageradamente.*
Pienso en nuestros padres y amigos
Nos buscarán y nosotros aquí como antes
sin que nadie sepa dónde está la fábrica como antes aquí
pero esta vez no saldremos de aquí con vida
¿De eso escribes? Estaría bien que escribieras eso no sé
Que nos conocimos aquí bueno antes aquí
y que nadie más conoce esta fábrica
Aunque alguien más lo conocerá digo yo
Y de casualidad alguien puede llegar hasta aquí no sé
igual no entra pero por ahí afuera pasará alguien

EVA.— *Interrumpe la escritura.*

¿No te cansas de hablar?
Vivir es la mejor idea pienso
Vivir ahora y vivir esto porque este es el final

Por aquí hace mucho que no pasa nadie
No huele a pis ¿Entiendes?
Las personas sin hogar viven en sitios así y mean en sitios así

Coge un trozo de tela que tiene a mano.

Aquí no vive ninguno de ellos o el más limpio de ellos

Se cambia la tela que tenía taponando la herida del estómago.

Seremos una noticia dentro de veinte años querido

Eva *apenas puede levantar el brazo,* Fran *le ayuda y se la aprieta contra la herida.*

Dirán

Pone las manos como si sujetara un micrófono.

Los huesos encontrados en la antigua fábrica de hilos correspondían a un hombre y a una mujer

Fran *le ata la tela alrededor.*

No podemos asegurar que fueran atractivos pero él parecía gilipollas
Todo apunta a que ella no tenía ni puta idea de por qué estaban ahí *Pausa.*
Dime de una puta vez para qué

Fran.— *Pone las manos como si sujetara un micrófono.*

Afirmarán aunque sea mentira
que el gilipollas y la famosa murieron juntos

Coge otro trozo de tela se hace un torniquete en la pierna.

Seremos esa noticia no sé
y tú serás la famosa y yo el gilipollas claro

Piensa que ha oído algo, contiene la respiración, presta atención, nada.

Alguien puede venir no sé

Recorre el escenario hasta la ventana, cojea.

¡Bah! Si aquí nunca viene nadie tienes razón
No me he fijado en que no huele a pis

Mira hacia dentro de la fábrica, a la zona más oscura.

Tampoco había colillas
No creo que vengan una vez por semana para dejar esta
fábrica abandonada perfectamente limpia y abandonada
Si al final vas a tener razón
soy el peor detective del mundo

Eva.— Y un gilipollas

Ambos se ríen hasta que ella tose, Fran *la mira desde donde está.*

Fran.— No quiero decírtelo ahora no sé
Ahora que estamos como antes aquí
Y nos reímos ahora como antes aquí *Pausa.*
Descansa si quieres

Baja la luz.

Transición de tiempo

POLAROID II

Recorte de luz sobre FRAN *y* EVA *que están apoyados en la máquina de cinta transportadora que hay en el centro del escenario. El recorte nos permite pensar en una instantánea, como una polaroid. Los actores estarán sin moverse unos segundos para crear esta misma sensación. La pierna de* FRAN *está mucho más ensangrentada, la tiene estirada.* EVA *tiene apoyada la cabeza en el hombro de* FRAN. *De tal forma que ella mira hacia el público y él hacia el fondo en dirección a la pata que tiene en frente.* EVA *mira su reloj y le da un codazo a* FRAN. *Ambos gritan durante unos segundos.*

EVA.— Esto de gritar es buena idea
    no viene nadie
    pero me pone cachonda
    Deberíamos gritar más a menudo
    en la vida me refiero
    Gritar en fábricas abandonadas
    En tiendas repletas
    Pararnos en mitad de una multitud y gritar

Si en medio de una ciudad alguien grita
se rompe con la hegemonía de las máquinas y las personas ganan su espacio

FRAN.— O te meten en un manicomio

EVA.— Y qué

FRAN.— Quería verte y no sé si ahora es el mejor momento
Yo me conformaba con ir a una cafetería
pero tú me dijiste de quedar aquí
igual tenías una idea equivocada de esto no sé
otra idea sobre para qué quería verte y no sé

EVA.— Quedas con un ex y normalmente follas pienso

FRAN.— ¿Por eso lo de quedar aquí?

EVA.— No es culpa tuya siempre he vivido equivocada pienso

FRAN.— No sé

EVA.— Hemos venido a otra cosa y ya da igual si me lo
dices o no pienso
Yo creía que veníamos a follar
pero hemos venido a morir
¡Qué putada!

Silencio.

FRAN.— Cogí el mismo bus de antes
¿Has venido en el mismo bus? EVA *niega.*

EVA.— ¡Un momento!
¿El conductor era es el mismo?
El de antes cuando veníamos aquí

FRAN.— No sé

EVA.— Los conductores tienen un trabajo mecánico pienso
Y para toda la vida
Suelen conducir las mismas rutas durante años
y si te mecanizas durante cuarenta años ¿qué queda?
¿Te miró a la cara? ¿Te saludó? FRAN *niega con la cabeza.*
El conductor se integra en la mecánica del autobús
para no sufrir a gilipollas como nosotros
El conductor nunca nos miró bien igual tú no te dabas
cuenta pero yo sí
Y si lo piensas seguro que él ya era un poco amargado
antes pienso
Y su odio fue creciendo y de alguna manera deseó
nuestra muerte y se imaginó atropellándonos o ha-
ciéndonos daño con alguna herramienta de las que
lleva en el autobús pero dejamos de venir y desapare-
ció esa idea de su cabeza
la idea de asesinarnos
Y la rutina se lo tragó de nuevo y disfrutaba otra vez
de su última parada para él solo fumando y bebiendo
y diciéndose a sí mismo que puede dejar la adicción
del trabajo remunerado cuando quiera
y se fumaba su cigarro escuchando la radio
y criticando a los políticos y estiraba las piernas
y le daba un trago a su cerveza y era el puto amo
y siempre así durante meses y años pienso
Pero hoy nos has subido y te ha reconocido
Cuando has llegado ¿te has metido en la fábrica?

FRAN.— *Niega con la cabeza.* He estado fumando afuera
quería entrar contigo
Aquí siempre estuve contigo antes

EVA.— Esto es importante
¿Has visto si el autobús cogía la rotonda para volver a
la ciudad inmediatamente o lo ha estacionado un rato
en la parada?

FRAN.— No me he fijado

EVA.— Yo vine en UBER
Es posible que ese cabronazo al verte llegar solo
haya deducido que yo vendría después y ha entrado
en la fábrica
y con alguna herramienta de las que lleva en el autobús ha ido destrozando el suelo
ya de por si ruinoso
y hemos caído en su trampa *Pausa.*
¿No lo ves?

FRAN.— Desde donde estaba hubiera escuchado algo no sé

EVA.— Fue sigiloso
Ya lo había pensado antes
Guardaba un mazo para cuando volviéramos ya antes aquí
Por eso no le hizo falta hacer mucho ruido
Tuvo tiempo para planificarlo cuando veníamos antes
y ya antes debió probar en algunas partes hundidas
del suelo
Conocía la fábrica a la perfección
Nos estuvo observando

Seguro que vino a ver como follábamos antes aquí
Pero no es un *voyeur*
Nos vigilaba bueno era un *voyeur* pero le importaba
una mierda que folláramos
Cuando te vio en el autobús te reconoció pienso

FRAN.— ¿Te fijaste si era el mismo? Han pasado muchos años
Si ha sido él no sé
¿Y si está ahí fuera aún?
Deberíamos hacer algo ahora hacer algo o no ¿Entiendes?
¿Te ha parecido que dejaba el autobús aparcado?
Lo digo porque tú has llegado más tarde
¿Has oído eso? ¿No? ¿Nada?
Es que me había parecido

EVA *se ríe a la vez que se queja de la herida.*

¡Que cabrona eres!

EVA.— Que el conductor es el culpable es la versión del
mayordomo es el asesino
La predisposición a creer
Veo que ahora llevas una cruz
No sabía lo de tu conversión

FRAN.— Pues porque hay muchas cosas que no sabes de mí
Yo soy otro y tú también otra
Somos otros aunque estemos aquí y aquí ya hubiéra-
mos estado antes no sé
y antes fuéramos los mismos no sé
Aunque no éramos los mismos
Tú eres otra
Más rara y retorcida y capaz de cualquier cosa

35

Eva.— Ah igual intentas decirme algo
¿Ahora crees que me he inventado al conductor asesino porque yo he podido planear algo así y es mi forma de confesarlo?
¿Lo crees? Igual sí pienso a fin de cuentas eres un creyente
¡Pues no estoy tan jodida de la cabeza!

Fran.— Hace mucho que no te veo no sé
No he dicho que hayas sido tú

Eva.— ¿En tu cabeza me ves escenificando esta caída desde el techo?
Ah he calculado si saldríamos vivos o no
bueno a veces te la juegas y ganas y otras
Es eso ¿no?

Fran.— ¡De qué mierda hablas Eva!

Eva.— Si necesitas un malo
Puedo serlo
¿Cuál es mi motivo? ¿El amor? ¿Que estoy jodida de la cabeza?

Fran.— Alguien como tú no necesita un motivo no sé *Pausa.*
Perdóname no sé lo que digo

Eva.— Que te exculpe tu diosito
Uff qué pesado estás
Eres responsable de lo que acabas de maquinar
has imaginado que yo he pensé esto y ahora te sientes jodido

Fran.— Estoy herido déjame no sé

Eva.— Yo también tengo un agujero
Es una premisa muy floja
Las personas que tienen una herida no acusan a sus examantes
de urdir un plan en el que los dos caen de una fábrica abandonada todos los días

Fran.— Es por tu forma de hablar no sé

Eva.— Qué le pasa a mi forma de hablar

Fran.— Igual es porque hace mucho que no hablo contigo
pero en una situación así uno debería comportarse de otra manera no sé
y tú solo quieres follar

Eva.— Yo nunca había estado en una situación así
no se me caen a menudo los suelos de las fábricas abandonadas
Igual debería comportarme de otra manera no tengo ese manual
de personas caídas del cielo
¿Cómo se hace?
¿Hay que esperar a que alguien venga a salvarnos por la gracia de Dios?
¿Rezamos? Igual viene un ridículo querubín a llevarnos con sus alas
¡Y yo parezco la loca! El enajenado eres tú que vienes con un catálogo de frases hechas lugares comunes y certezas de mierda para entretenerte de la realidad

como has hecho siempre y perdona que te le diga en todo este tiempo te has convertido en el tío más soso de la tierra eso pienso

FRAN.— ¡Pero es que no puedes desentenderte de esto! ¡Esto que nos pasa ahora aquí! ¡Esto joder! ¡Morir! ¡Esto! ¡Mírate!
¿No es mejor creer en algo ahora?

EVA.— Avísame cuando toque gritar de nuevo ahora voy a cerrar los ojos
solo un momento *Cierra los ojos.*
Y ni se te ocurra molestarme con tu mierda de investigación hasta que demuestres que soy una asesina o que hay una salida
En un tono cariñoso. Que idiota eres joder
Que idiota has sido toda tu vida

FRAN.— Lo sé yo

EVA.— ¡Shhh!

FRAN.— Tienes razón

Baja la luz.

Transición de tiempo.

POLAROID III

Recorte de luz sobre FRAN *y* EVA. FRAN *está de pie, con la pierna herida completamente estirada; a su lado,* EVA *está con los ojos cerrados tumbada y con la cabeza apoyada en unas telas. El recorte nos permite pensar en una instantánea, como una polaroid. Los actores estarán sin moverse unos segundos para crear esta misma sensación.*

FRAN.— *Mira la botella de agua y está vacía.*

   Te he visto entrar y has hecho el gesto de siempre
   Y luego tu olor ese olor no sé

Mira la tela que le ha puesto en la herida y se la cambia por otra.

EVA.— *Se despierta.*

   ¿Qué pasa ahora?

FRAN.— Cuando te he visto antes
   Cuando has entrado por la fábrica antes
   Pero en este antes más reciente

te iba a dar un beso o a decirte hola
o hacer así con la mano no sé
y nos ha interrumpido un ruido como una explosión
¿verdad?
como un ¡bum!

Eva.— Más bien un ¡fiuh! ¿No?
Primero como un neumático desinflándose y luego sí
luego un ¡bum! pienso
Yo también te iba a saludar con torpeza

Fran.— Y noté algo bajo mis pies el vértigo luego
y estaba en el suelo no sé
y algo iba mal en la pierna

Eva.— Yo el estómago en la boca y como un pellizco

Fran.— Pensé que el suelo se hundía y te vas a reír con esto
Pensé porque luego se me ha nublado la vista y he
notado un zumbido en los oídos
y pensé que era te vas a reír
no te rías ¿vale? *Hace sonido de redoble de tambores.*
Amor que era amor que el amor me estaba haciendo
alucinar

Eva.— Y qué era ¿Un amor que pesa como un elefante?

Se ríe. Levanta un poco la cabeza para mirarlo.

Siempre me haces reír eso no ha cambiado
Vamos a ver ¿Sabemos algo más del asesino agente
Fran? Fran *niega con la cabeza.*
Pues esta del amor es la mejor teoría que has lanzado hoy

los suelos se hunden cuando dos enamorados se miran
Mucho mejor que la teoría de Dios o del malo de película cutre
Escribe el atestado y habla con tu superior que te darán una medalla

Vuelve a apoyar la cabeza en las telas que le sirven de almohada.

FRAN.— *Hace que* EVA *se sujete la tela para taponar la herida de ella.*

Si fuera amor esto sería como una maldición no sé

Ahora pasa a la suya, se ata una tela que coge del suelo y se hace un torniquete, se incorpora.

El suelo se derrumbó porque estamos malditos

Anda de lado a lado sin propósito.

EVA.— Ven aquí conmigo deja de hacer de detective santero

FRAN.— Es que lo otro no es mucho mejor no sé
no es muy probable y es casi imposible ¡Joder!
Y no sería justo

EVA.— Si estaba escrito
yo no he sido
no escribiría algo así

FRAN.— Pero es como si cumpliéramos un plan
y cuando pasan estas cosas es cuando te das cuenta
de que hay un plan no sé

algo pensado por alguien y le puedes llamar Dios o le puedes llamar viento

pero aquí ya estuvimos antes y todas la veces salimos de aquí ilesos no sé

supongo que aquí es como estar aquí antes

y aquí según se acerca la muerte me sale decir que te quiero no sé

te quiero

EVA.— Siempre has vivido según se acerca la muerte pienso
Si hubiera alguien que fuera el peor detective del mundo
tú serías el peor detective del mundo
Llevas una hora investigando
y al final vas a poner en el atestado policial
que todo esto ha pasado porque Dios existe *Se ríe de su ocurrencia.*
Ven a estar cerca de mí ahora
eso sí que tiene sentido y es un plan perfecto y universal pienso
estar conmigo aquí
Ahora
Unas veces te odio porque eres un cursi y otras en cambio

FRAN *se desploma a los pies de* EVA.

Baja la luz.

Transición de tiempo.

POLAROID IV

Recorte de luz sobre FRAN *y* EVA *que están apoyados uno en el otro. El recorte nos permite pensar en una instantánea, como una polaroid. Los actores estarán sin moverse unos segundos para crear esta misma sensación.*

FRAN *y* EVA *andan unos pasos hacia la puerta y luego dan media vuelta hasta que llegan a un punto en el medio del escenario,* EVA *le pide con un gesto que la deje allí.* FRAN *la acompaña hasta el suelo y ambos quedan sentados hombro con hombro.* EVA *mira su reloj.*

EVA.— Es la hora *Ambos gritan, mirándose. Se ríen.*
	¿Me dices ahora para qué querías verme?

FRAN.— Te escribí esa carta

EVA.— Recibí tu carta
	Sigues teniendo una letra muy bonita

FRAN.— ¿Te ríes de mí? No sé
	Te escribí porque no abandonas esa manía tuya de no tener móvil

de no querer recibir noticias al correo electrónico no sé
me enteré por tu editor de que sigues con esas ma-
nías tuyas
Cumplí con tus normas de siempre
y te escribí una carta como ya antes y que empezaba
diciendo
Querida Eva
La inicié cien veces y siempre me parecía una forma
torpe de empezar
no quería darte ninguna pista de lo que quería decirte
era mejor decírtelo en persona sin que vinieras con
expectativas
se me ocurrió así no sé
se me ocurrió quedar contigo sin decirte la razón

Eva.— Aquí estamos
Y por extrañas circunstancias nos estamos muriendo
Así que puedes decírmelo ahora ¿no crees?
Hay cosas que es mejor decirlas cuando se está vivo

Fran.— La idea de venir aquí fue tuya
si hubiésemos quedado en una cafetería

Eva.— No calculé la obsolescencia de los suelos perdona
y ¿para qué querías verme?

Fran.— En un rato caminamos un poco más
no es buena idea estar entumecidos

Eva *cierra los ojos.* Fran *mira hacia la ventana.* Fran *la sa-
cude suavemente con el pie.*

No eres de las que se ponen perfumes ni cosas así
y tu pelo siempre está húmedo como si vinieras de
una lluvia
es lo que pienso cuando te tengo cerca
Asocio tu olor con tu imagen y tu pelo con la lluvia
y la última vez que estuvimos aquí tenías el pelo
mojado
y no todos los días llueve no sé
creo que ese día no había llovido
¿me puedes explicar lo de tu pelo?

Eva.— Oye sabes que nos estamos muriendo ¿no?
No hace falta que me digas más chorradas de estas
y esto cuenta como mi última voluntad Fran *no la mira.*
¿Me oyes?

Fran.— A veces pienso cuando estaba contigo lo pensaba
mucho
pienso que no estamos al mismo tiempo en el mismo
lugar
como si hubiera un desfase y yo llegara siempre tarde a ti
y por esa falta de sincronía me pierdo la lluvia que
moja tu pelo no sé
pero eso lo explicaría todo ¿no crees?

Eva.— Este agujero por el que sangro me ha enseñado
que no hay nada más realmente jodido que un agujero
por el que te desangras
y no voy a rezar para que Diosito me salve
si sabes cómo sacarnos de aquí te escucho
si vas a contarme para qué querías verme te escucho

45

pero poesía ahora no querido ya está la realidad para
pasarnos por encima
y la realidad está jodiéndonos en una fábrica abandonada
junto a una última parada de espaldas a la ciudad
Ah y también pienso que no deberías pisar los suelos
de antes
cuando te mira un examante es peligroso
Eso pienso

Fran.— Me queda claro

Eva.— Pues cállate

Fran.— Está bien

Eva.— Gracias

Silencio.

Fran.— *Se mira la herida.* En las malas películas se recolo-
can los huesos rotos
no sé si sabría hacerlo

Silencio.

Fran.— *Se inspecciona la herida.*

Deberíamos mirar si está roto

Se levanta la pernera del pantalón y se pone de espaldas a Eva.

¿Ves algo roto?
Ahora tú *Hace rodar a* Eva *y le levanta la camiseta.*
Yo nunca quise volver aquí *Le inspecciona la espalda.*

Tú querías volver aquí y yo acepté pero

¡Qué suerte! Tienes otro agujero me parece que es otro agujero no sé

eso quiere decir que esa barra ha salido por el otro lado y en las películas eso es bueno no sé

dicen que si ha salido la bala es bueno no sé si se puede aplicar a una barra de hierro

No sé no lo sé pero tienes otro agujero y eso es una herida limpia que llaman

y tú siempre has tenido más suerte que yo no sé

No tengo ni puta idea de por qué digo eso ni por qué digo todo lo demás

Eva.— Mira todo esto *Pausa*.
Míralo bien porque estamos jodidos igual de jodidos

Fran.— *Se enciendo otro cigarro.*

Si al menos estamos reconocibles

Eva.— ¿Qué?

Fran.— Pensaba en cuando nos encuentren no sé
si se nos puede reconocer

Eva.— *Le pide un cigarro con la mano.* Fran *se lo acerca.*
Dame fuego
Para eso tienes el DNI

Fran.— Eso si no nos encuentran tarde

Eva.— Si estamos muertos para mí es tarde ¿me das fuego
o no?

FRAN.— *Ensimismado*. Si encuentro una maquinaria alta para llegar hasta la ventana
sabes que no se me da bien arreglar las ventanas pero si llego hasta allí

EVA.— ¡Me quieres dar fuego joder!
Deja de mirar esa ventana deja de pensar en las cosas que no puedes hacer
y céntrate en mí
necesito fuego

FRAN.— *Le enciende el cigarro*. Siempre es una ventana no sé
Una ventana que no puedo arreglar EVA *fuma ignorándolo*.

Silencio.

Baja la luz.

Transición de tiempo.

Sube la luz.

FRAN *y* EVA *caminan de lado a lado.*

EVA.— No es el momento de apuntarse al *gym*

FRAN.— Tómatelo más en serio caminamos un poco más y ya

EVA.— Espera lo has visto en una película en una de superación donde dos desgraciados se entrenan para batir el récord del mundo
de los 1500 metros para moribundos

FRAN.— *Se oyen unos golpes desde el otro lado de la ventana.*

Hay alguien ahí afuera joder hay alguien

Se acerca a la ventana. EVA *va detrás de* FRAN, *conecta los ventiladores a la vista del público y vuelve junto a* FRAN. FRAN *señala hacia la ventana, sonido de ventana abriéndose, hojas de la ventana batiendo.*

El ruido del exterior va en aumento acompañado por una lluvia de fuerte tormenta y sonidos de truenos furibundos. Entra hojarasca en remolinos y el viento hace entrar agua. Se abrazan empapados, jadeantes, doloridos. La tormenta cesa.

FRAN.— *Toca el pelo de* EVA. Tu pelo siempre húmedo *Pausa.*
Siempre escribes esas locuras que yo no entiendo no sé nadie las entiende pero deben ser buenas porque te las premian *Pausa.*
Todo el tiempo estuvimos juntos y desincronizados no sé y después me fui para estar en otro sitio

Se separa de EVA *y anda un poco hacia proscenio.*

Si me alejo de ti todo tiene sentido y no se me derrumba el suelo no sé
¿Ves qué sencillo?

EVA.— En las películas que tanto te gustan no muere nadie hacen que mueren
y también hacen que viven
y así veo yo la vida y la muerte como una actitud no es solo biología

FRAN.— Y los que mueren en las noticias ¿mueren? No sé
Lo digo porque cuando hagan la noticia de nuestra muerte igual estamos vivos
en contra de cualquier prueba de carbono 14

Eva.— Igual podrías centrarte un poco más en lo que te queda de vida junto a mí

en este mundo que compartimos ahora y ya antes

Todos los mundos necesitan un final

Fran *va hasta* Eva *y se sienta junto a ella. Ambos miran hacia la ventana.*

Silencio.

Fran.— Cuando he llegado me he parado frente a la puerta y te he esperado

afuera había un sol radiante y pájaros jugueteando por algún sitio

no recordaba la entrada con tantos árboles no sé recordaba la entrada de otra manera

Bah a los lugares les importa una mierda mi forma de recordarlos y ¿tú?

Eva.— ¿Yo?

Fran.— Lo primero que te viene a la cabeza

Eva.— *Cierra los ojos.* Al entrar telas viejas como pieles ajadas pensé en nosotros antes aquí follando antes aquí

luego te he sentido cerca pienso

nos veía aquí antes como dos objetos proyectados

y poco después un sonido terrible o al revés o al mismo tiempo pienso

es imposible separar los recuerdos en segundos porque el pasado tiene su propia forma en el espacio y su propia densidad en el tiempo

FRAN.— Yo te voy a hacer la pregunta más importante no sé
Yo te quiero preguntar algo tonto no me contestes si
no quieres
pero tú ¿me has amado?

EVA *se ríe para sí.* FRAN *se levanta como poseído y cojea por todo el escenario.*

Bah eres rara y eso es todo nada más no sé
Yo no puedo decir que te haya amado no sé
consigues que no entienda ni eso ni lo que es amor
pero ahora aquí igual que antes no sé

Se queda a un escenario de distancia respecto a EVA.

Todo lo que nos pasó fue porque no fui capaz de arreglar esa maldita ventana
eso dijiste un día y ahora dices que esto no es una maldición
pero hay una ventana y ya antes no supe abrir la ventana de madera que se atascaba los días de lluvia porque la madera se hincha y no pude abrir esa ventana

Se sienta apoyando la espalda en la pared y queda frente a EVA *que está junto a la ventana, a un escenario de distancia.*

Nunca nos buscarán aquí ¿Se lo has dicho a alguien?
Nunca hablaríamos de la fábrica eso dijimos
¿Vamos a morir por guardar un secreto?

EVA.— Eso pasa en las peores películas del mundo

Eva *acerca una maquinaria a la pared de la ventana, la api-la haciendo equilibrios hasta que puede escalar a la cima de la torre de objetos inestables. Estira el cuello.*

Veo la carretera *Agita una de las manos, la otra contiene la herida.*
Hay un motorista me ha visto pienso

Se sienta sobre la maquinaria apilada. Fran *se enciende un cigarro.*

Igual da la vuelta

Fran.— Si muriéramos por una maldición no sé
por no amarnos que esa sea nuestra maldición
o por ella morir porque no pude abrir una ventana y tú morir por ella
Es mejor que seamos sinceros yo no te mentí cuando te dije que te amaba no sé
luego no quería pasar más tiempo contigo eso es todo
y por eso me iba y ya no volvía en horas

Eva.— No me gustaba que me dejaras sola tanto tiempo
Nunca te lo dije
Te lo debí decir alguna vez pienso

Fran.— Y por eso regresaba antes pero a veces llegaba y no estabas no sé
Tú tampoco estabas siempre y cuando estabas no siempre me sentaba a tu lado para estar cerca de ti y no hablabas no sé
como si no te inspirase palabras

Eva.— Las palabras no solucionan todos los silencios

Fran.— Y los espacios se gastan y el sofá y la cama cada vez más pequeños

Eva *baja de la maquinaria.*

Cuando te dije que quería pasar toda mi vida contigo no sabía que los espacios menguan

Eva.— *Se sienta apoyada en la pared de la ventana.*

Ni recuerdo a dónde iba ese día
y en la parada no dejaba de mirarte porque estabas muy guapo
Y pasó que de mirarte nos subimos en el mismo bus
y pasó que viajamos a la misma velocidad
y la ciudad pasó por nuestro lado como luces difuminadas
y nos bajamos en la última parada con un hilo entre los ojos

Fran.— *Se va acercando, arrastrando la pierna hasta ella.*

¿Por qué me hiciste volver aquí?

Eva.— ¿Para qué querías hablar conmigo?

Silencio.

Eva *cierra los ojos y deja caer la cabeza, agotada.*

Fran.— *Llega hasta ella y la mueve un poco.* Toca el grito

Eva.— No hagas trampas te saltas tus propias normas
Aún no me has dicho qué hacemos aquí
No sé cuál es la maldición

FRAN.— Si no quieres gritar yo también puedo cerrar los ojos no sé

cerrar los ojos y mandarlo todo a la mierda empiezo a estar cansado

FRAN *cierra los ojos. Como recordando.*

Las últimas paradas están llenas de fábricas abandonadas
les decías a nuestros amigos cuando contabas esta historia
Y añadías
el chófer del autobús tenía los ojos como dos canicas del océano Índico
o ¿decías Atlántico?

EVA.— Diría Atlántico soy así de impostora

FRAN.— Yo no lo recordaba así no sé
no me fijé en sus ojos

EVA.— Literatura
yo tampoco me fijé en sus ojos

FRAN.— Y tú contabas
la puerta chirrió como si estuviera muriéndose un secreto

EVA.— Cállate oído por otro suena como si estuviera tarada *Se ríe.*
Un poco tarada sí que estoy *Le da un suave beso en los labios.*
En una máquina como esa follamos aquí antes

FRAN.— *Abre los ojos. Se separa de los labios de* EVA.
    Esta es la temperatura idónea para ti
    la tibieza de la destrucción donde todo lo real está
    roto no sé
    ahora no me apetece follar

Se incorpora como puede. Le cuesta mucho caminar.

EVA.— Es lo más razonable que podemos hacer
    follar cuando el mundo se derrumba

FRAN *se dirige hacia el foro. Irá apareciendo o desapareciendo de las zonas iluminadas en función de la necesidad del texto. Las didascalias «aparece» y «desaparece» son orientativas, dependen de la profundidad del escenario, la escenografía o la luz.*

FRAN.— Es lo más razonable que estuvimos haciendo así
    un tiempo
    y luego de la nada dejo de saber de ti no sé
    no me mandas más cartas para seguir viéndonos
    no tengo otra forma de hablar contigo y pienso que
    se acabó
    y un día llega una carta y me dices de vernos en esa
    cafetería
    Fue así
    entro te acababas de encender un cigarro
    entonces se podía fumar en los bares *Aparece.*
    Fue así
    entro te enciendes un cigarro me siento
    no sé si llegué con un cigarro
    no

Fue así
entro te enciendes un cigarro y te beso en los labios
No llevabas el cigarro
y era la primera vez que nos besábamos en público
luego me siento te miro voy a la barra y me pido no
sé ¿un café?
vuelvo con una caña eso es no fue un café fue una caña
después me tuve que limpiar la espuma por entonces
llevaba barba
vengo con la caña y me siento y te agarro de la mano
tenías la mano fría
me miras no sé si me miras pero eso da igual
me dices que estás embarazada

Eva.— Te dije embarazadísima
Estaba ya de seis meses y tú te me quedas blanco
como un fantasma

Fran.— Y me bebo el café o la caña no sé
creo que me había afeitado ese día
es posible que lo hiciera porque la barba te enrojecía
la cara
y quería besarte llevaba mucho sin besarte y pensé
que no quedabas más conmigo por la barba
pero me dices eso y me voy y cuando salgo me giro
y el humo de mi cigarro seguía dentro de la cafetería

Eva.— Sí el fantasma se fue
qué hijo de puta eso pensé

Fran.— Y pasa una semana y te localizo en tu trabajo
entonces trabajabas en una librería por Tirso de Molina
y quedamos en la misma cafetería no sé ¿era la misma?

y me pido algo o no me da tiempo y fumo eso seguro
fumo y vienes y te sientas y te cojo de la mano
y tu mano como siempre o desde entonces fría
y yo no dejo de hablar no sé
como hago ahora y te planteo todo tipo de opciones
y vengo con unas cosas apuntadas en un cuaderno
dibujos de carritos de bebé y cunas
de eso te tienes que acordar porque te reías todo el tiempo
yo hablaba y tú no parabas de fumar y de reírte *Desaparece.*
Te digo luego que podemos darlo en adopción si no lo quieres
pero me dices que quieres tenerla
en ese momento es cuando me dices que será una niña
y nos vamos de la cafetería y sigo hablando no sé
ahora mismo ni recuerdo de qué
pero cuando salgo el humo sale con nosotros
y decidí que ella se tenía que llamar Lola

EVA.— Íbamos ya por la calle y te digo que nos hemos ido sin pagar y nos reímos
pienso que entonces nos reíamos mucho y por cualquier cosa
y te digo que tu risa me distrae de la barbarie
y que es lo mejor que hacéis los magos

FRAN.— *Aparece.* Y nos fuimos a vivir juntos así tenía que hacerse
Es lo que se ha hecho siempre pero porque es lo mejor en estos casos

Eva.— Los dos éramos muy progres y modernos
    y aun así teníamos que hacerlo como estaba escrito
    aunque casi no nos conociéramos o estuviera mal escrito

Fran.— Pasó el tiempo y yo apoyaba la cabeza en tu barriga y tú me reñías
    si no se me nota me decías no sé
    pero pasaba horas con la oreja pegada intentando escucharla

Eva.— Solo le quedaba nacer

Fran.— Esos días imaginábamos cómo sería

Eva.— Imaginar nos salva de todo lo que va a pasar irremediablemente pienso

Fran.— Y ella era igual que tú
    Lola era como tú

Eva.— Te la imaginabas igual que yo

Fran.— Físicamente sí
    Luego Lola era otra
    Nuestra Lola se casó

Eva.— *Abuchea.* No ¡qué dices!
    ¡Buh fuera! No se casó

Fran.— ¡Claro que se casó!
    Si fuimos a su boda y todo ¿recuerdas?

Eva.— Tienes razón me hiciste ir a su boda ¿cómo se llamaba su marido?

FRAN.— Robert y lo conoció en la universidad
se casó y tuvo hijos y fuimos abuelos
Robert no era un pijo
cuando lo conocimos pensábamos de él que era un
estirado así lo acordamos
Robert siempre te traía esos bombones que tanto te
gustaban
y Lola era feliz seguramente la mujer más feliz del
mundo
si hasta ella lo decía soy feliz
Nosotros los miramos felices cogidos de la mano bajo
el umbral de una puerta abierta y sonreímos *Pausa*.
Y ya lo sé
Abracadabra *Desaparece*.
¡Solo nos la estábamos imaginando joder! *Aparece*.
¿Crees que estamos malditos?

Silencio.

EVA *se mira el reloj, mira a* FRAN *y ambos gritan*.

FRAN.— Todavía me la imagino jugando ¿y tú?

EVA.— No es un catarro lo que tuvo y tampoco necesita dinero para salir con sus amigas
y cuesta poco imaginar la felicidad porque felicidad es
una palabra vacía
y no siempre fue un nido sin pájaros pienso
pero no deberías imaginarla porque ella no vivió bajo
esta influencia
y si no hemos hablado nunca de esa noche es precisa-
mente porque después me dejé meter en tu chistera de
mago y me convertí en otra cosa hasta que desaparecí

Silencio.

Ella estaba delante de mí pensé
fue lo primero que supe y no decías nada y repetías
¡joder joder joder!
y te llevabas las manos a la cabeza
Así todo el tiempo hasta que me sacaron de la cama
y tú solo mirabas las sábanas como quien espera que
se incorpore un fantasma

Silencio.

Lola sigue cumpliendo años en algún sitio de tu puta
cabeza pienso
que igual la has traído aquí a ver a su mami

Se incorpora lastimosamente. Pone una mano de visera.

Seguro que nos está mirando
oye ¿no te parece el padre del año?
Estás muy callada ¿qué pasa?
Yo debo parecerte una madre horrible
Tranquila
aquí no estamos construyendo una realidad conspicua
para refinados paladares
aquí estamos construyendo una para consumidores de
mierda
escrita por dos malditos locos de amor
Porque tú me amas y yo te amo
porque amar no se puede conjugar en pasado
es como una de esas enfermedades que llevas para
siempre en la sangre

EVA *se acerca a* FRAN. *Le besa.* Fran *aparta la cara.* EVA *sigue besándole por el cuello.* FRAN *permanece inmóvil.* EVA *le manosea el cuerpo y le quita la camisa. Le besa el pecho.* FRAN *sigue sin moverse.* EVA *le besa con fuerza hasta que le muerde en un labio.*

FRAN.— *Se quita a* EVA *de encima.* ¿Quieres dejarlo ya?

EVA.— Pues a mí follar me parecía una buena idea
también puedes imaginar que follamos pienso
eso se te da muy bien
imaginar que todo va bien

Baja la luz.

Transición de tiempo.

POLAROID V

Recorte de luz en Eva, *que está subida en las maquinarias apiladas. La luz nos permite pensar en una instantánea, como una polaroid. Los actores estarán sin moverse unos segundos para crear esta misma sensación.*

Eva *estira el cuello y se gira de vez en cuando hacia* Fran *mientras le habla.*

Eva.— Si no ha venido ya es que no me ha visto
pienso que si la motorista no se ha dado la vuelta
tiene que estar por aquí
Me pareció ver que tenía el pelo largo y por eso pienso
ahora que era una mujer

Fran.— Eso no tiene ningún sentido el pelo largo puede ser
el de un hombre

Eva.— ¿Solo tú puedes jugar a ser Hercule Poirot? *Pausa.*
Igual si escribo en una tela esta dirección
pienso que igual con la ventolera llega hasta algún
lugar habitado
en un lado la dirección y en el otro pongo *HELP*

Escribe «help» con la mano ensangrentada.

> Si logro tirarlo entre los barrotes de la ventana y el viento se lo lleva y
> bah si alguien lo ve escrito pensará que es una buena idea para vender camisetas

Coge otra tela que tiene a mano y se la pone como si fuera el velo de un traje de novia. Va bajando de las maquinarias tarareando el himno nupcial.

EVA.— ¿Quieres casarte conmigo?

FRAN.— ¡Vete a la mierda!

EVA.— En Las Vegas ¿En serio?
> Te imaginabas la noche de bodas en un motel en la ciudad más ridícula del mundo
> y tú irías de Elvis y yo de Marilyn

FRAN.— *Le quita la tela.* Ya sabes siempre tengo un truco para todo
> abracadabra

EVA.— *Se mira la herida.* Uy qué raro has dicho las palabras mágicas y sigo herida
> vas a ser un mago de mierda querido

Lo coge del brazo y hacen como que recorren el pasillo nupcial de un lado al otro del proscenio.

FRAN.— Se me ocurrió en Las Vegas
> después de todo lo que había pasado no sé necesitaba arreglar algo

y te pregunto si nos casamos en Las Vegas
y te digo que después ya hacemos una ceremonia aquí
para nuestros padres y amigos
y te lo digo así *Se ríe.*
Sí soy un mago de mierda

EVA.— Levanta la barbilla querido que nos están mirando
Y cuando me lo dices me sale decir que sí y que te amo
Mira ahí está mi madre
¡Mamá por fin me caso!

FRAN.— Ella hablaba mucho contigo en el hospital
Venían las enfermeras y te recomendaban calma y
reposo
y que saliéramos de la habitación que tenía que verte
el médico

EVA.— Las enfermeras me sonreían con condescendencia
prefiero a los médicos pienso
ellos llegan con su lenguaje aséptico y sus movimientos bruscos
y te miran como los mecánicos miran al coche averiado

FRAN.— Iba al hospital todos los días y no sé
al principio no me atrevía a hablar

EVA.— *Hace como que saluda a los invitados.* Mira ahí está
la prima Marta
pienso que siempre me odió porque estaba enamorada de ti
No sabía que os conocierais

Fran.— ¿Marta? Puede ser un verano nos besamos
La conocí en un *camping*

Eva.— Tal y como está el mundo pienso
no hacía falta pedirme en matrimonio podrías haber-
me pedido en manicomio

Fran.— Y yo me quería casar
en los putos estados más jodidos que unidos de la
podrida América de mierda

Eva.— No digas palabrotas ¿qué pensará el cura de nosotros?

Fran.— Aun así y después de todo al final nos casamos
no fue en Las Vegas Fran *suelta una carcajada.*
Tú estabas en el hospital y primero se lo pido a tu madre
quiero casarme con su hija algo así le dije
y ella
bien pues cásate con mi hija
y yo
pero se lo pido a usted le pido permiso
y me preguntó
¿cuántos años tiene usted?
me trataba de usted porque le debí parecer un viejo o
un chalado no sé
Ambos se ríen. Y un día entro con un ramo de flores y
con bombones
y tu madre sale de la habitación
y las enfermeras detrás y se reían como colegialas
porque todas lo sabían
y me pongo de rodillas ¿lo recuerdas? no sé
y me dices que sí y me besas como una loca

66

EVA.— Cada una besa como lo que es y besar como los cuerdos está sobrevalorado
Acerca una estructura. Espera
Se tumba sobre la estructura. Ven y vamos a representarlo tú aquí conmigo ¡ven!

FRAN *se sienta en la silla, mientras ayuda a colocarse a* EVA *en la «cama».*

Nos estábamos abrazando *Se abrazan.* Y me besabas todo el tiempo
Bésame que estamos interpretando FRAN *la besa.*
Eso es y yo olía las flores y desenvolvía los bombones *Mima oler las flores y desenvolver bombones.* Antes de salir mi madre me lo advirtió
me dijo que tenía que decirte que sí
que era lo que tenía hacer aunque no lo entendiera del todo
y por eso te dije que sí pienso
Desde niña me ha pasado que nunca he sabido entender bien lo que se espera de mí
por eso mi madre siempre ha estado ahí diciéndome qué debo hacer
y por eso cuando las cosas se ponen raras para mí
Yo miro a mi madre y con un gesto suyo ya sé que solo son raras para mí
que para el resto es eso que llaman normalidad

FRAN.— Pero las flores te gustaron

EVA.— Las flores me gustaron
y te agradecí que me quitaras de un plumazo todas esas miradas condescendientes

Fran.— Yo ese día creí que todo iba a salir bien no sé
lo había visto en alguna película

Eva.— He sido el experimento de un niño y de una madre
pienso
acepté casarme para cambiar de tema
como quien se cansa de una misma conversación pienso
y para participar como la ayudante del mago a la que
van a cortar en pedazos
y todos saben que solo es un truco
pero estabas tan feliz todo el tiempo
que quise probar ser un poco como tú
Y aquí estamos a punto de ser una noticia dentro de
unos años
cuando nuestra carne no sean ni partículas elementa-
les en la atmósfera

Fran.— Tienes que reconocer que esos días en el hospital
te hacía sonreír todo el tiempo
Si hasta se te saltaron las lágrimas cuando te empuja-
ba la silla de ruedas
hacia la salida del hospital y todos aplaudían por los
pasillos

Eva.— Me hiciste sentir como la protagonista de una de
esas películas
donde las putas se bañan con espuma en una habitación de lujo
y el millonario termina con ella por amor

Se levanta con la ayuda de Fran *y convierte la estructura
en un coche.*

De película
Un fanfarrón
Pensé que era una locura pero en ese momento
Las Vegas Elvis y Marilyn
todo tenía sentido

FRAN.— Después de dos meses encerrada en un hospital
imaginé que te gustaría ir a casa en ese deportivo
era verde creo FRAN *se pone como si fuera el conductor.*

EVA.— Conducía yo *Se cambian el sitio.*

FRAN.— Íbamos camino a casa éramos felices no sé
ese coche era más grande que nuestro apartamento

EVA.— Íbamos en el coche riendo todo el tiempo como dos
tontos pienso
la risa hace que los espacios sean más grandes

FRAN.— Y llegamos a casa aparcaste en doble fila
miramos hacia la ventana del apartamento

EVA.— Y me empezó a parecer todo una chorrada
¿Elvis? ¿Marilyn?
Y el coche no era verde era azul

FRAN.— ¿Por qué nos pasó? Si ya lo habíamos conseguido
no sé
nos reíamos todo el rato
hasta que cruzamos la puerta
otra vez en la casa menguante de los jodidos silencios

*Salen del coche. Y se encogen dentro de la estructura como
si estuvieran metidos en una caja pequeña.*

Eva.— Y no sé si fue por la ventana
o por tu cuerpo y el mío en el mismo espacio demasiado tiempo
pero volvió esa luz de ambiente pegajoso y no dormía bien y te lo dije
pero todos tenían las invitaciones de boda y no hicimos nada por impedirlo

Fran.— Teníamos que casarnos ¿qué le iba a decir a mis padres? *Salen de la estructura.*

Eva.— Ahora seré tu padre

Pone voz ronca, como si fumara mucho.

Hola soy tu padre *Ambos se ríen.*
Tengo mucho dinero

Fran.— Mi padre no habla así no sé un poco se parece porque fuma mucho
Mis padres querían conocerte antes de la boda

Eva.— Tu padre tiene mucho dinero y nadie se merece tener mucho dinero

Fran.— Sí eso te lo oí decir una noche rodeada de esos amigos tuyos
después de pedir una botella de vino de doscientos euros
cuando ya eras una GRAN escritora
y todos te rodeaban o merodeaban y querían escucharte todo el tiempo

EVA.— Nadie se merece ser rico eso significaría que la pobreza también se merece pienso
el mérito está sobrevalorado
el mérito de los estafadores es estafar y que nadie se entere por un tiempo
Tu padre lo único que hace es llenar cajones armarios y garajes
y el reloj de tu padre ocupa un espacio en la muñeca
y otro dentro de su caja expositora que a su vez
ocupa un espacio dentro de un cajón
que ocupa un espacio en el armario
y así *ad infinitum*
Me gusta cómo dice las cosas eso sí
le importa una mierda lo que piensen de él seguramente porque no le afecta

FRAN.— Para mi padre eras un reto no sé
tienes prestigio en lo que haces y él respeta eso
él pensaba y aún lo piensa que yo que su hijo es un niño

EVA.— Eres un niño

FRAN.— Aún se preocupa por si rompo las cosas

Baja la luz.

Transición de tiempo.

71

POLAROID VI

Recorte de luz sobre FRAN *que está de pie junto a una pared, el recorte nos permite pensar en una instantánea, como una polaroid, ahora cambia el recorte a* EVA, *que está de pie en la pared de enfrente, ambos estarán sin moverse unos segundos para crear esta misma sensación de fotografía hasta que la luz ilumine todo el escenario. Entonces* EVA *se sentará y* FRAN *se dirigirá hacia los escombros, girando el cuello de vez cuando mientras habla con ella.*

FRAN.— Ahora vivo con otra mujer no sé
    ella es feliz conmigo y me lo dice y es así de fácil
    ella no desaparece y salgo en sus fotografías y en sus
    conversaciones
    las habitaciones también menguan no sé
    es una historia de amor que se ajusta al tamaño real de
    las cosas
    Si los espacios menguan las expectativas se adecúan al
    nuevo tamaño

y así es todo más fácil supongo que en tu casa que es
más grande ahora
los espacios seguirán menguando y no sé si estás con
alguien

EVA.— No no lo sabes
No duermo bien desde que no encuentro tu mano
Pausa.
Es la hora FRAN *la mira sin entender.* De gritar

FRAN.— Yo no quiero seguir casado contigo no sé
no puedo seguir casado y por eso quería hablar contigo
no sé
llevamos mucho tiempo lejos y la idea era hablar de esto
de divorciarnos algún día no sé
y dijiste de venir hasta aquí y yo acepté
y debí imaginarme que algo así no sé
cómo imaginarnos esto no claro algo así no

EVA.— ¿Gritamos o no?

FRAN.— He traído los papeles
no sé si tiene mucho sentido que queden firmados
a mí me gustaría

EVA.— Se nos va a ir el tiempo
el tiempo de gritar
es ahora

FRAN.— ¿Los firmarás?
Quiero decir
si los encuentro

Eva.— Que los forenses nos encuentren divorciados es una
buena idea pienso

Fran *va a buscar los papeles.*

A ella ¿la quieres?
Yo gritaría antes empiezo a encontrarme con pocas
fuerzas

Fran.— Se habrán desperdigado con la caída los traía en
una carpetita

Eva.— Y querrás tener una hija con ella pienso
tener una hija de verdad aunque sea tarde
¡Deja de buscar la puta carpetita!

Fran.— *Sigue buscando entre los escombros.* Tengo derecho
a enamorarme de otra mujer
Va encontrando papeles. Igual un hijo no sé y sacarme
de la cabeza a Lola

Eva.— A esa otra mujer ¿la quieres?
Por cierto no hemos gritado y se ha pasado el tiempo
Dices que la quieres pero eso se dice y no siempre se
quiere pienso

Fran.— No he dicho que la quiera no sé ¿lo he dicho? No sé
Con ella soy feliz como en esas películas de a página
por minuto
y como pasa en la pelis puedo adivinar el siguiente
momento
y hasta casi el siguiente diálogo no sé
y puedo vivir con los ojos cerrados

EVA.— ¿Vas a contestarme idiota? ¿Quieres a esa mujer?
    Y ni se te ocurra decirme que sí
    Ahora es cuando deberías mentirme maldito hijo de puta
    y hacer uno de tus trucos
    Se queja de la herida. Grita con todas sus fuerzas. Joder
    joder algo va mal
    pienso que algo se me ha jodido por dentro
    este dolor es como si estuviera algo roto por dentro
    pienso que me estoy muriendo

FRAN.— No te mueras

EVA.— *Se ríe.* Tranquilo que no me muero antes te los firmo
    no sufras por eso

FRAN.— ¡Qué hija de puta eres!

*FRAN le ofrece los papeles que ha ido encontrando y EVA los
firma sin mirar.*

EVA.— Siempre he necesitado tu ruido de terrícola en mi
    cabeza
    para que los alienígenas no conquistaran toda la su-
    perficie de mi planeta

FRAN.— Ahora da igual si la amo ¿no lo entiendes?

EVA.— Déjame dormir ahora
    Ahora dormir contigo
    dormir definitivamente

FRAN.— Si ya te lo he dicho no sé
    si cierras los ojos
    no te duermas ahora
    ahora no *Se apoya junto a* EVA *y cierra los ojos con ella.*

Afuera vuelve a oírse el viento, ruge terriblemente. Objetos golpean contra los barrotes de la ventana.

Bajan las luces.

Transición de tiempo.

POLAROID VII

Recorte de luz sobre FRAN *y* EVA, *están tal y como se habían quedado antes. Ahora, recorte sobre la ventana. Llega ruido de tráfico desde afuera, sonido de conversaciones, la banda sonora de un centro comercial.*

Entra LOLA —*misma actriz que* EVA—. *Lola lleva la gabardina y una camiseta con la palabra «HELP» en rojo y también zapatos de tacón muy fino. Las intervenciones marcadas como un (…) son silencios que corresponden a lo que diría Robert.*

LOLA.— *Are you crazy?* ¡Vas a llenarme de regalos!

(…)

LOLA.— *(Ríe.)* Robert eres un triunfador. *(Señalando al aire.)* Quiero eso y eso y eso y eso. Quiero eso que no tiene nadie. Ah, y cómprame también eso. Sí, tienes razón, eso también. *(Ríe. Se toca en las costillas, hace un gesto de dolor.)* Y compraré maquillaje.

*(*LOLA *no deja de señalar objetos en el aire.)*

Fran.— *Sin abrir los ojos.*

Si pudieras verla como yo la veo
ella es feliz no sé o algo parecido a lo que tiene que
ser la felicidad
y se parece tanto a ti

Lola.— ¿Lo has oído?

(…)

Lola.— No te rías de mí, Robert. Me ha parecido oír voces. Una voz que rompe el acuerdo tácito entre el tiempo y el espacio, una voz que cuestiona el régimen en el que impera el realismo práctico.

(…)

Lola.— Sí, tienes razón. Ya me callo. *(Sigue señalando cosas en el aire. Deja de señalar cosas en el aire y se pone seria.)* Robert, voy a dejarte. Ya sé que siempre dices que todo es perfecto, no sé, yo no soy feliz, igual algo puede ser perfecto y no hacerte feliz.

Fran.— No no le dejes

Lola.— Perdona, tienes razón. Todo es perfecto. *(Pausa.)* A veces pienso en todas esas cosas y pienso que esas cosas están ocupando un espacio. Quizá ese espacio lo necesite la tierra. ¿Y si es por esas cosas que el planeta se hace cada vez más pequeño? Pienso que quizá el planeta no es más pequeño, que son las cosas las que ocupan cada vez más espacio y que solo para guardarlas se ocupa más espacio aún, ¿entiendes mi razonamiento? Todo mengua por la ocupación de las cosas.

(…)

LOLA.— ¿No? Tienes razón. Y eso quiero, eso también.

(…)

LOLA.— A veces me siento otra, capaz de dejarte, de mandaros a la mierda a ti y a toda esta podredumbre disfrazada de elegancia, querido, a esta realidad diseñada por la mente de un sádico. Ser todo el tiempo perfecta me está amargando la vida. (FRAN *se retuerce en el suelo.*)

(…)

LOLA.— No me interrumpas. Ojalá no te hubiera conocido. (FRAN *se retuerce en el suelo.*)

(…)

LOLA.— ¡No me interrumpas! Capaz de reconocerte como un fariseo bajo esta pátina de luces blancas.

FRAN.— *Con grandes dosis de dolor, delirando.*

Eva vete
Tienes que irte vas a fastidiarlo todo

LOLA.— ¡No me interrumpas, querido! En casa nos esperan nuestros hijos, y tienes que saber que uno no es tuyo.

(FRAN *dice cosas inconexas debido a la fiebre.*)

Perdóname. A veces, no soy consciente de lo que feliz que soy. Mi madre quería llamarme Beatriz. Quería alejarme de lo que significaría llamarme Lola, seguramente alejarme de ti y de esta escena.

(…)

LOLA.— Sí, lo importante es que me llamo Lola. Y gracias a eso existo. Y tú existes también porque esa noche la realidad tomó otro camino. *(FRAN sonríe y se reconforta acurrucándose como quién empieza a dormir.)* Porque ella vio una mancha enorme y mi padre pudo ayudarla. Estás aquí porque él llamó a una ambulancia, llegaron a tiempo y me rescataron y ella aguantó el dolor y pudo hacerlo gracias a mi padre y gracias a que gritaron juntos como si estuvieran sincronizados.

(LOLA y FRAN gritan.)

Fui un milagro, eso dijeron los médicos mecánicamente mientras las enfermeras miraban condescendientes a mi madre rodeada de flores y bombones. Fui un milagro, porque venía con complicaciones, y nací muy pequeña y muy débil. Cada día era una lucha brutal. Y estás aquí porque gané esa lucha. Mi madre decía que venir a verme a la incubadora era como ir de compras con todos esos niños que parecían estar tras un escaparate, hasta tenían una etiqueta en el tobillo como si fuera el precio de cada uno. Y ella se sentía una mala madre porque no me reconocía entre los demás bebés y pensaba que alguien podría entrar y llevárseme y que no sabría impedirlo.

(Silencio.)

¡No quiero seguir comprando! Venga, vamos a pagar, pagar por todo lo que está en venta.

Baja la luz.

Transición de tiempo.

POLAROID VIII

Recorte de luz sobre FRAN *y* EVA. FRAN *sigue acurrucado,* EVA *está a su lado, sentada, tiene la mancha de sangre mucho más extendida. El recorte nos permite pensar en una instantánea, como una polaroid. Los actores estarán sin moverse unos segundos para crear esta misma sensación.*

FRAN.— *Siente un escalofrío, se incorpora un poco, mira a su alrededor.*

Soñé que alguien llegaba hasta aquí
Abracadabra y Nada

EVA.— *Con mucha dificultad.* Imbécil

Se ríe. Escribe algo en el cuaderno y lo cierra.

El final ya está escrito
Cuando lo lean dará igual lo que ha pasado Abracadabra

FRAN.— Si lo leo ¿lo voy a entender?

EVA.— No se puede leer esperando algo a cambio pienso pero tómalo

FRAN *coge el cuaderno, se incorpora lastimosamente, anda hasta proscenio y mira al frente, a la nada, al público, que es la nada para él en ese momento.* FRAN *lee para sí. La luz se recorta sobre* FRAN.

Entra LOLA.

LOLA.— Llevamos mucho tiempo demasiado tiempo y ya me cansa estar aquí
Me duele la cabeza
A ustedes les dolerán los culos de estar en esas butacas
Pasamos tanto tiempo aquí siempre en este mismo lugar incapaces de salir porque detrás de la puerta no hay un sitio mejor
Atrapados por la expectativa
Somos el sueño de otro que nos mira soñar
Mi marido Robert y yo somos ricos
Imaginar es de pobres ¿no lo sabían?
Cuando eres rico compras algo porque sabes que otros nunca lo podrán tener
¿no lo sabían?
Los pobres no son mejores que yo
Son un plural sin forma
Quieren todo lo que tenemos los ricos que somos un plural conciso y organizado
y por eso nos envidian
Lo gracioso es que yo me podría hacer pasar por ellos y a la inversa no
Es como la ley de la gravedad
Los objetos caen de arriba abajo
pero no hay una fuerza que los empuje de abajo arriba

bueno alguna hay
pero no son las generales de la naturaleza
¿Así me quieres? Así soy querido
Si hablamos del amor
Solo puedes amar si sometes a la otra parte
Y así amas con todos los pronombres posesivos
Me miran como si de alguna manera yo también estu-
viera en el escaparate
¡Qué cojones estáis mirando pobres del mundo!
La envidia no os hace mejores
Solo más pobres
¿Yo? Yo es que he sido escrita e imaginada por mis padres
Mis padres un día se murieron pienso no sé
La policía nunca los encontró y sus familias y amigos
los dieron por desaparecidos
Nadie creyó que estuvieran muertos y se crearon le-
yendas alrededor de ellos
En todas ellas vivían enamorados
y en algunas se habían ido a lugares recónditos e ini-
ciado una nueva vida
Hubo una escritora amiga de mi madre
que escribió un cuento en el que ellos vivían junto a
un volcán que podía entrar en erupción en cualquier
momento
y ese era el secreto de su pasión
que todos los días podían ser el último
Bah no sé porque digo que mis padres están muertos
y me invento toda esa historia
Un ser imaginado imaginando
El sueño que sueña es muy borgiano

Bah si mis padres están vivos ¡no es tan raro!
Todos hemos nacido alguna vez
no es tan difícil de entender
Ahora me abrazas

Lola *sale de escena. El recorte de luz vuelve sobre* Fran *que está con el cuaderno en la mano.*

Fran.— Eva *vuelve a su lado.* Fran la abraza eso pone y le dice te quiero no sé
es lo que pone aquí ¿no? Lola desaparece y te abrazo
y te digo te quiero está escrito

Eva.— *Con mucha dificultad.*

Y son las Sagradas Escrituras no pueden estar equivocadas
Te lo tengo que escribir todo
No me has querido pienso
me sale decir que no me has querido

Fran.— Pero mira lo que has escrito de Lola
Lola no es así

Eva.— Maldito mago de mierda
Ahora estamos solos pienso y ahora nos besamos
y no sé si lo he escrito bien porque en las últimas líneas estaba muy cansada
Nunca había escrito muriéndome
Es como tiene que acabar con un beso de película en el minuto ciento veinte
por hacerle una concesión al cine de mierda
y porque nos merecemos un final feliz pienso
y porque no hay mejor momento para la ficción que este

FRAN.— *Mira a* EVA. Si el día de la parada me subo a mi autobús
estaríamos vivos no sé
tan solo tendríamos ese recuerdo de la mirada ¿me oyes? ¿No nos toca gritar?

Cierra los ojos.

Si ese día no llegamos hasta la fábrica abandonada
ahora estaríamos en coordenadas distintas
y el suelo seguiría en su sitio
y nosotros vivos
no sé

EVA.— Vivos no
pienso

Un recorte de luz sobre ambos nos recuerda a una polaroid.

OSCURO.

NOTAS